LOS VIAJEROS DE VIAJES

Antes
de que ocurriera AQUELLO.
 todos pertenecían a algún lugar.
Después,
 olvidaron lo irrecuperable y todos
fueron
estuvieran donde estuvieran:

 del OESTE DE LAS AGUAS.

Los continentes perdieron sus
nombres.
          Al fin, todos estaban al
OESTE DE LAS AGUAS.

Cuando el HOMBRE y la MUJER
se trasladaban, solo cambiaban de
clima.
Se introducían lentamente en
primaveras, otoños, inviernos y
veranos según como decidieran en

tiempo y manera apurar el paso,
calculando altitudes y latitudes.
Cambiando.
Estrenándose a si mismos en cada
paisaje.

Los COTIDIANOS no son
VIAJEROS.
Cambian sus ropas, alimentos y
casas a medida que pasa el tiempo,
acumulando así gran cantidad de
cosas que muestran con orgullo, al
precio de temer perderlas.

Los VIAJEROS DE VIAJES como
el HOMBRE y la MUJER no
tienen.
No temen.
No van ni vienen por las
distancias.
Sin acercarse o alejarse a nada,
solo se mueven por los caminos
desiertos de ansiedad, apuro,
nostalgias
y andan por gentes, lluvias,
amores, alegrías, nieves, pasiones,

montañas, odios, soles, aves,
arenas, bestias, vientos,
oscuridades, fuegos.

Por ellos mismos,

solo andando, andando...

al OESTE DE LAS AGUAS

II

LOS SUEÑOS

Tal vez los sueños sean
imprescindibles - dijo el
HOMBRE-

Porque los hombres mueren.

Sueños intermitentes que molestan
la vigilia de los que duermen.

III

CAMINAN

Las Sombras y los Resplandores
los rodean.

Pero el HOMBRE y la MUJER
caminan. Sin temor.
Buscando esa estrella tan pequeña
que suele titilar ante sus ojos,
siempre inalcanzable.
Por eso caminan hacia ella.

La MUJER sabe, y el HOMBRE
sabe,
que jamás puede ser vista de a uno.

Por eso caminan
juntos,
entre Sombras y Resplandores.

IV

LA LLUVIA Y EL TIEMPO

Le decía LLUVIA, porque la
esperaba y a veces era mucha,
otras poca.
Y nunca se quedaba para siempre,
pero siempre volvía.

Ella le decía TIEMPO, porque
estaba desde el nunca de ser de los
principios hasta el final que nunca
acabaría.

El amor los tejía sabiamente,
con filosas agujas.

Siempre fueron, aún cuando sin
serlo, eran dos sin saber que uno es
la duda del otro que no está cuando
se buscan.

El amor los tejía sabiamente,
con filosas agujas.

(De eternidad se embriagan los
amantes para olvidar el nombre de
la muerte.

Pero el amor los teje sabiamente
con filosas agujas)

V

LAS LINEAS.

Las casas alineadas a la vereda, las
ventanas alineadas al sol,
los COTIDIANOS alineados,
cruzando la calle por las líneas y
saludando con gesto recto a otros
que se alinean en las ventanas, o
que pasan a su derecha o a su
izquierda, de frente o por detrás,
mas lenta o mas rápidamente pero
contestando el gesto con otro gesto
igual, si es que han establecido
previamente el pacto de saludarse.
Todos buenos vecinos, buenos
días, buenas tardes, buenas noches.

Vecinos de medianeras lindantes,
medialunas por la mañana,
mediatinta, medias así no se ve la
pierna, pierna atada (nunca pierna
suelta) y cada cual con su cada
cual, cada cual en su casa, cada
uno es cada uno, cada uno se las
arregla como puede, nunca como
quiere porque debe seguir una
línea de conducta que no cruce la
línea municipal:

de acá para acá una cosa, de acá
para allá otra cosa
.
De allá para allá: no existe.

Entreteniéndose
antes de la muerte,
porque uno no sabe
cuándo, mientras
tanto aquí estamos:
pase usted primero,
no, de ninguna
manera, usted se lo
merece... ha
trabajado tanto.

Pero los COTIDANOS no
sospechan que por las noches,
 las malas noches,
algunos OTROS toman la recta
calle principal y desafiando el
Toque de Quietos, huyen haciendo
eses de todas las líneas trazadas
y sin saludar, maldiciendo la
simetría y sus cárceles, atraviesan
campos montes y desiertos sin mas
rumbo que el de no regresar jamás.

NADIE preguntó al HOMBRE

> ¿El éxodo es de los
> vencidos o de los
> vencedores?

El HOMBRE sabía que a veces
NADIE hacía preguntas solo por
abrir su pensamiento, pero esta
vez no respondió, estaba tratando
de recordar guerras más perversas
que ésta,
donde se muere en la quietud de lo
previsto.

VI

LAS MANCHAS

El sol sobre la ruta.

No sobre el campo.
No sobre las casas.
Porque no importa el sol sobre otra
cosa.

El sol sobre la raya que divide
en dos la simetría y la cruza
perdiéndose...quién sabe desde
dónde hasta cuándo.
 Los COTIDIANOS pasaban
veloces a mano y contramano con
sus coches de plástico,
proyectando su sombra de bólidos
cerrados.

El sol la tocó por vez primera:
era un montón de algo que
brillaba.
Roja con pedacitos blancos sobre
el asfalto
atacaba a los autos que pasaban,

manchándoles las ruedas, aunque
sea.

El sol sobre la ruta calentando una
mancha cada vez más
desparramada

más marrón,

más débil,

más delgada.

    Hasta que poco a poco ya
no pudo hacer nada

y quedó como muerta,

        fundiéndose al asfalto,

bajo el sol,

        en la ruta de la nada.

¿Qué sería esa mancha? Es un
enigma el sexo de las manchas.

¿Quién sería esa mancha, que
cruzó sin saber que no sería
después del golpe el vuelo y el
arrastre bajo los faros fríos que no
miraron, cuando el sol estaba
todavía del otro lado, antes de ser
el único testigo de un homicidio
sin asesino y sin asesinado, sin
antes ni después?

¿A quién le importa la identidad de
algo, si una mancha es olvido al
poco rato?

El sol está sobre la ruta y mira:

Todas las manchas deben ser
iguales,
            -él supone-
 porque siempre   terminan en lo
mismo.

El único testigo se retira ignorando
los sueños, el amor, la sed y la
venganza de las manchas

Los COTIDANOS pasan a mano
y contramano.

El sol sobre la ruta.

No sobre el campo.
No sobre las casas.
Porque no importa el sol sobre otra
cosa:

El sol borra las manchas.

VII

EL PERRO AZUL

Un PERRO AZUL, de negro azul
al sol de las arenas,
erizado en el lomo, lacio a los
costados, pelos largos de seda.

Al caminar bajaba la cabeza para
mirar de un cierto ángulo y
escondía la cola entre las patas...
En un lento andar, como de gato,
parecía no tocar la tierra.

El HOMBRE y la MUJER vieron
de lejos una pequeña mancha azul
que se acercaba, apuraron el paso y
descuidados, fueron hacia ella.

Cuando la distancia era un salto,
húmedo aliento de fauces abiertas,

        encerraron el miedo con las
manos.

        Y el PERRO AZUL se puso
debajo ellas.

No dejó de mirar de un cierto
ángulo, ni de esconder l cola entre
las patas, ni de erizar lomo.

Caminando a su lado como un gato, siguió con ellos sin tocar la tierra.

Vino el tiempo de andar y separarse, y el PERRO AZUL les dejó a su costado para siempre sus huellas.

VIII

LA LUZ

Hubo que guardarla en el pecho.
Se refugió, oculta, temerosa,
titilando solo en algunos pechos:
los que quedaron.
Titilando, titilando para llegar viva
hasta no se sabe cuando.

Uno, dos.
Cuenta la LUZ en su cuenta
sin tiempo
Uno, dos.
Palpitando en la infinitud

Uno, dos.

En el silencio oscuro de cada pecho

El HOMBRE y la MUJER la llevan como un pequeño dolor, pero juraron guardarla, piadosos de la Memoria.

En presencia de los COTIDIANOS el HOMBRE y la MUJER oscurecen sus ojos, entonces la LUZ quema

Uno, dos.

Las víceras.

A veces, el HOMBRE y la MUJER, se equivocan:
ignoran a los COTIDIANOS

y creen que la LUZ es cruel.
IX

LOS COTIDIANOS

Alteran los nombres de la luna

              ...pero no pueden
con las aguas.

Matan los pájaros

              ...pero no pueden
con el vuelo.

Apuran el paso

              ...pero no pueden
con el camino.

Encierran a todos

              ...pero no pueden
con el espacio.

Entonces...

NADIE dijo haciendo rebotar su
voz contra la montaña:

¡¡¿Quién es el
Poderoso?!!

X

LA ARENGA DE NADIE

Los COTIDIANOS matan
limpiamente, con el gesto seguro
de los Dioses.

Tienen vergüenza de su propia
muerte y mienten vidas y
resurrecciones temiendo no ser
mas que un árbol, que una nube,
porque los consideran más
mortales que ellos.

Nadie se asomó al precipicio y
escuchando su propia voz (porque
nadie la escuchaba)
dijo:

Por eso es que debemos
morirles en la cara,
        salpicarlos
de sangre y de intestinos...

y en ese breve instante
        que es la Vida,
                mostrarles:

que odiamos la
muerte que separa el Amor
de los Besos
pero que mientras tanto,

estamos muy
contentos de vivir
como ranas, como
hormigas.

A lo lejos, en el valle, alcanzó a
ver al HOMBRE y la MUJER que
jugaban como niños revolcándose
en un espejo de agua al calor de la
tarde.

No lo habían escuchado.
No era necesario.

XI

LA PESTE

Los COTIDIANOS contaban con
la PESTE.

La PESTE siempre había
obedecido a los COTIDIANOS,
por eso la trajeron nuevamente.
Allí donde ellos señalaban...ella
tocaba con dedo fino y blanco.

Luego, la muerte se encargaba compasivamente de las víctimas.

El hábito, esa virtud exaltada por los COTIDIANOS, hizo que convivieran con la PESTE como convivían con la televisión del día domingo.
Así ella habitó lisa y llanamente sus vidas llanas y lisas.
Los diarios comenzaron a publicar la nómina de apestados y los noticieros siguieron el llanto de los deudos: imagen y sonido del dolor ajeno, reflejado solo en sí mismo.
La insistencia de los medios de comunicación le dio fama a la PESTE como una oleada de poder.

Los COTIDIANOS comentaban que la PESTE al fin estaba haciendo justicia.

Ocupada en reportajes, discusiones amables, mesas redondas de bordes suaves, la PESTE olvidó su condición de empleada y su dedo fino y blanco

distraído en verdad,
tocó a un General de Orden

SinintenciónningunadisculpeUsted

Como todo acontecimiento
sorpresivo, los COTIDIANOS
quedaron inmovilizados por unos
minutos... circunstancia que la
PESTE aprovechó para transmitir
en cadena y horario central su
mensaje solidario:

Cuenten conmigo, como siempre.

XII

LA TRAICION

A veces se destruye la palabra:

Caen cristales
como heridas

cuerdas agudas

sonando hasta morirse

en el silencio.

Y aunque no duela más...

...ya no se olvida.

XIII

LA NOCHE DE LA DERROTA

Con nuestros héroes, con nuestros
traidores: fuimos los más
derrotados de la guerra.

Los vencidos nos
arrastramos en la
vergüenza, un barro
tibio como la
mierda.

Sobreviviendo
apenas, nos
alejamos unos de

otros con un dolor a
próximo muerto
quemándonos las
venas.

Quedamos vivos
para escuchar el
insulto, la burla, el
escupitajo del
enemigo y del
neutral;
en fin, de todos
aquellos que no
soñaron como
nosotros, que no se
equivocaron como
nosotros, que no
cargaron con
nuestros muertos
inútiles,
que no fueron
capaces, como
nosotros,
de borrar nuestros nombres
de la historia.

Y digo como
nosotros –

dijo el HOMBRE-
porque tal vez
alguien que no es
héroe ni traidor,
se sienta como yo ésta noche.

El agua sube lentamente,
el HOMBRE mira la luna.

La MUJER, que duerme
profundamente a su costado,
despierta llorando: ha tenido un
sueño con banderas.

XIV

LAS ATADURAS

El HOMBRE y la MUJER se
despertaron y vieron que sus
brazos y sus piernas estaban atados
a esos extraños monumentos
erigidos por los COTIDIANOS.

¿Cómo pudo ser? -
murmuró el HOMBRE-

¡Durante el sueño
nos amarraron! –
contestó la MUJER-

Sus pequeñas libertades se
ahogaban a su lado.

Disimuladamente se miraron
(nadie debía enterarse de sus
terribles acuerdos) y fingiendo no
sentir cuerdas ni lazos,

  se pusieron de pié.

Cuidando no tensarlos demasiado,
abrieron nudo por nudo y corrieron
hacia el sol que recién salía.

Sin reprocharse nada
el uno al otro.

XV

EL ARMA SECRETA

Los COTIDIANOS
-dijo NADIE- no
pueden ni siquiera
imaginar el Arma
Secreta.
De tal manera es
imbatible, que aún
si la descubrieran
... no sabrían usarla,
pues para usarla
deberían dejar de
ser COTIDIANOS.
No sé si eso es
posible -agregó
Nadie- pero si lo
fuera
...si dejaran de ser
COTIDIANOS
para poder usar el
Arma Secreta

¡Serían de los nuestros!

El HOMBRE y la MUJER rieron
con NADIE , sin saber si lo hacían
por lo que parecía ser un juego de
NADIE, o de alegría.

En medio de las batallas, cuando
todo es confuso, de la misma
esencia de lo imprevisible, el arma
secreta surge descubierta y clara
como un niño desnudo: el
HOMBRE o la MUJER han
creado algo...

Y se ordena todo de tal manera
natural,
extraña a los COTIDIANOS,
como se ordenan solas las hojas de
un árbol...

Y los COTIDIANOS retroceden.

Sorprendidos cada vez, el
HOMBRE y la MUJER se sienten
invencibles. Se aman y salen a
festejar por sus cuerpos.

Hasta que, pasado un tiempo, se
presenta una nueva guerra.

Pero hasta entonces,
 ignorando todos los entonces, el
HOMBRE y la MUJER,
 afilan su Arma Secreta seguros en
la paz...

haciendo el amor de las treguas.

XVI

LA CUALIDAD DE LOS PAJAROS

Los COTIDIANOS odian a los
pájaros.

Impredecibles -
dicen- alteran el Orden.
Innecesarios, antiguos.

Antiguos es su insulto predilecto:
suavemente descalificador.

Pero los pájaros son inasibles,
por eso sobreviven al odio de los
COTIDIANOS.

El HOMBRE y la MUJER quieren
aprender esta habilidad de los
pájaros, por eso los observan en
sus migraciones precisas, sus
exactos apareamientos, sus cantos
demarcadores de territorio y el
secreto de sus muertes.

Quizá
 -dijo la MUJER-
volar sea el premio
por conocer el pulso
del universo

XVII

LOS QUE VUELAN

Lo irritante del vuelo del pájaro es
que no se lo puede detener, ni
atrapar:

Hay que matar al
pájaro.-

Los COTIDIANOS no pueden
volar, porque volar es anticipar el
tiempo hasta el fin, atravesar el
silencio sin miedo, embestir a la
muerte, gritar el límite que todos
callan.

Por eso los COTIDIANOS no
pueden volar y con los pies en la
tierra: matan al pájaro.

NADIE decía al HOMBRE y a la
MUJER:

Si se quedan
quietos, soñando,
deben mimetizarse
con el paisaje: ser
árbol o piedra,
cualquier cosa que
no tenga alas.

Cuidado:

la inocencia frente a los
COTIDIANOS se acerca a
la muerte.

Pero el vuelo escapaba tanto de sus
ansias, que casi constantemente
estaban en peligro.

¿Cómo simular-
dijo el HOMBRE-
si la libertad
explota en el espacio?

Y la MUJER sintió un temblor, un
temblor en los brazos.

XVIII

LA ENSEÑADORA

Cuando las Maestras de los
COTIDIANOS daban la espalda a
los Alumnos para escribir en el
pizarrón o bajaban la vista para
leer la Lista de Nombres y
Calificaciones,

por la ventana del Aula,
a veces arriesgando la vida
encaramada en una cornisa,
aparecía

la ENSEÑADORA

y con voz muy baja les decía como
gritando:

Miren
el agua clara
como corre
escuchen
como canta.

Pero no verán nada
si no corren
sin ir a ningún lado
como corre
el agua clara
Y no escucharán nada
si no cantan
sin cantar
como canta
el agua clara.

Hasta que sean el agua:
el agua clara.

Algunos niños subrepticiamente
aprovechando la distracción de la
Maestra de los COTIDIANOS…

...huían de la escuela.

XIX

LAS PARIDORAS

Las Paridoras quieren a sus hijos:

Aman cuando sus hijos aman y
odian cuando sus hijos odian.

Los hijos de las Paridoras aman u
odian lo que ellas quieren.

Eres mis ojos
-dijo una Paridora ciega a su hijo
que se miraba en un espejo-

¡Hermosos!
-dijo el hijo-

que no había aprendido otro
calificativo para sí mismo,
ni tampoco había mirado otros
ojos.

XX

LOS HIJOS

Cuando la historia era posible, a
los hijos se los llevaba la guerra.
Se alejaban por oponerse al
camino o se hundían en búsquedas
perdidas.

Luego, los COTIDIANOS
organizaron aquellas fugas
naturales en un solo sentido, y los
hijos fueron perdiendo el grito, el
salto y el asombro.

Como consecuencia, hoy obedecen
con los ojos abiertos y el paso
firme, en la seguridad de que en
este mundo seguro es imposible
equivocarse.

Y vimos como nuestra sangre
más rápida, más liviana, más roja,
era aquietada sin cárceles ni
guerras:
era oscurecida a la sombra de
lo que nunca cambia...
por el módico precio de no temer,
que es casi lo contrario de ser
valiente.

La MUJER las miró en una pausa
de apenas dos segundos donde se
escucharon los murmullos de
admiración de las PARIDORAS.

(Siempre admiran lo que no
entienden: lo llaman "literatura")

Y mirándolas dijo:

De ustedes es
la primera palabra

y ustedes la callaron
ensordeciendo de silencio a sus
hijos para entregarlos sin canto y
sin dolor.

Las PARIDORAS aplaudieron las
palabras de la MUJER , y una de
ellas la invitó a participar del
festival de Sexo Oral a realizarse
en el mes de Floración del año
entrante.

La MUJER se sentó en el banco
de la plaza, más sombra que la
sombra del aromo.
NADIE le preguntó de dónde
venía.

De la vergüenza

NADIE sabía que la MUJER
cuando volvía de una derrota
mataba su sombra a solas...

Mañana -le dijo
NADIE ya parado a su lado
para irse-
mañana...no ha
ocurrido todavía, y
será un ayer cada
vez más lejano.

Cuando la luna pasó sobre el
aromo, la MUJER todavía seguía
sentada allí, pero ya sombra de
luna, luz de hembra, salió a
platearse para limpiar el alma.

XXI

ORACIÓN DE NADIE

Agua que cae, hierba que busca el
sol, espuma de rompiente, sombras
de rama en luna:

                    Libéranos
de los idiotas.

Salto de puma, calor de
madriguera, humedad de las ranas,
aleteo de calandria:

                    Libéranos
del los idiotas.

Mate y silencio, saludo a la
distancia, puerta abierta y abrazo,
roce bajo las sábanas:

                    Libéranos

de los idiotas.

XXII

EL PAPEL

Los que tienen el PAPEL negocian
con aquellos que creen en el
PAPEL
y obtienen cosas que suponen
valen PAPELES
y las cambian por PAPELES.

Este círculo otorga Poder: el Poder
de los Círculos a los que
pertenecen aquellos que tienen
PAPELES.

No pueden con el amor.

El PAPEL puede
matar o salvar la
vida: sin vida no
hay amor.

El amor sobrevive a la muerte.
No pueden con el amor.

El PAPEL puede
ahogar el amor en el
instinto de
supervivencia.

He visto morir de amor a suicidas
y desamados.
No pueden con el amor

He visto comprarlo
todo, venderlo todo.

No, no pueden con el amor.

Quedaron en un silencio tal que
podía escucharse los culos de las
copas pegar en la madera
descansando el trago.

Al rato, el MERCADER sacó un
PAPEL del bolsillo y
extendiéndolo sobre el mostrador
dijo:

¡Una vuelta, Patrón!

Sonó un eructo corto como un
clarín desde algún lugar del
Boliche e ignorando el convite del
MERCADER, buscaron en la

única ventana, a través de los
vidrios amarillos de nicotina,
si veían al amor...

y vieron alejarse al HOMBRE
señalando en todos los sentidos,

riendo a carcajadas del

MERCADER
de los

COTIDIANOS.

XXIII

LA VIEJA CHALUPA

NADIE les había recomendado no
interrumpir la soledad ni interferir
en el delirio de la VIEJA
CHALUPA.
Solo visitarla.
Callar.
Dejarse atrapar por su presencia.

Conocer:
amar y aprender.

En su flacura general se adivinaba,
bajo el vestido holgado, una mujer
firme.

La voz de la VIEJA, grave, parecía
salir de sus huesos cubiertos por
piel y músculos antiguos:

      Se sabe la pieza de un reloj
      que funciona sin él
Pero solo él recuerda que antes,
cuando sus manos formaban parte
del mecanismo...

      el reloj tenía campanadas.

        Lo despidieron
        porque alternaba las
        doce con las cinco,
        la media con la una
        y desde entonces, el
        pobre, anda sin
        sonar
        dentro ni fuera del
        reloj.

Prefiere callar a sonar como
quieren los COTIDIANOS.

Y la VIEJA CHALUPA escribe
con letra lenta en la pared:

"EL DESONADO"

Da media vuelta sobre sus tacos
rápidamente
y frente al HOMBRE y la MUJER,
sin mirarlos,
con la vista perdida en su propia
mente, sigue:

La BATACLANA es el
sueño de un hombre desconocido.
Un sueño que ese
hombre olvidó
y nunca más volvió
a soñar,
dejando a la
BATACLANA
encendida en una
realidad ajena,

obligándola a buscar
un corto sueño de
amor,
que no le pertenece...

eternamente.
Fantasma de fantasmas,
la BATACLANA atrae la mentira
por ser ésta su misma esencia
y a la vez guarda,
sin saber,
la única verdad del soñador.

Solo aquel hombre desconocido
podría rescatarla,
si volviera a soñar
con ella.

En esa revelación,
la BATACLANA
dejaría de deambular
entre los
COTIDIANOS

y pasaría a ser
entre nosotros.

La VIEJA CHALUPA escribió
con letra lenta en la pared:

"LA BATACLANA"

Volvió a colgar encima de la lista
de los POSIBLES la réplica de Los
Girasoles con un gesto ritual, tan
perfecto, que el HOMBRE y la
MUJER
se sorprendieron inclinando
levemente la cabeza,
y la VIEJA CHALUPA,
ensoberbecida por el gesto
involuntario del HOMBRE y la
MUJER, fue hacia la ventana y
aplastando la cara seca en el
vidrio, gritó:
¡Uno a uno los llamaré para
lanzarlos contra ellos!

La calle lluviosa mojaba la espera
de atrapar a otro POSIBLE
que la VIEJA CHALUPA
elegiría con su mirada de cóndor.

El HOMBRE y la MUJER, se
retiraron para no interrumpir la
vigilancia de la VIEJA
CHALUPA.
Cuando al final de la escalera
cruzaron la habitación de la planta
baja, esquivando gatos y crías que
simulaban la soldadesca
indisciplinada y salvaje que
descansa en las treguas, llegaron a
la vereda y miraron la altísima y
única ventana iluminada del
caserón de madera, desde donde la
VIEJA CHALUPA reclutaba un
ejército.

XXIV

EL PALABRERO

Era una sola voz
        pero seguía
    alertando fantasmas.

(Con un susurro
        buscaba los silencios
Y envasaba palabras al vacío)

Un día le dijo a NADIE:

        "No combino   palabras,
            están antes de mi.
        Conspiran contraluz
            y amanecen cuchillos.
        Solo les pruebo el filo
            con la mano...
            y escribo"

(Lo vieron colgándolas del aire:

                el viento las movía)

Era una sola voz
        pero seguía

        alertando fantasmas.

XXV

LA CUEVA CLAUSURADA

Apareció escrito en las oscuras
paredes de piedra:

"...
............"

Los COTIDIANOS cerraron el
hueco de la entrada con una
enorme roca.

 Debemos informar a la
Superioridad

-Dijo el Capitán Karancho
rápidamente, a fin de dar un aire
marcial a las palabras-

Recordó que su fuerte eran,
además de los énfasis exagerados
en cada palabra,
 las "c" antes de la "a, o, u"
pronunciadas con un chasquido
desde la garganta que hacía que
sus órdenes adquirieran una
identidad...
una fuerza...
una imagen sonora que completaba
los galones.

¡Cabo! ¡Comunique!

Sonó como: ¡Carajo! ¡Cagones!.

El Cabo no atinó a cuadrarse o a
tomar el teléfono cuando tuvo que
empezar a repetir palabra tras
palabra; casi pisándolas con paso
marcial dictó el mensaje del
Capitan Karancho

¡Cueva contaminada a causa del
Criminal!

¡Clausurada!

¡Coma!

(Dijo por: punto.)

El HOMBRE y la MUJER, que
miraban escondidos detrás de un
matorral espinoso no alcanzaron a
ver la escritura de la cueva, pero
cuando se fue el capitán Karancho
y sus huestes, trataron de mover la
roca de la entrada.

Imposible moverla siendo solo
dos.

Marcaron la piedra con piedra.

XXVI

EL SANTO

¡De carmín!
¡De carmín los ángeles!

Arrastraba una toga interminable
porque el mundo y sus caminos no
se distinguían de ella: la suciedad,
la tierra, los orines, le borraban el
borde.

¡De carmín!
¡De carmín los ángeles!

Decía, confundiendo sus ojos con
el cielo para no ver, porque había
creído en un dios muy grande y lo
buscó en los ritos y en la imagen,
los templos, los rezos y lo quebró
con nombres de tal modo...

¡De carmín!

¡De carmín! ¡Los ángeles!

Rogaba

El HOMBRE y la MUJER pasaron
a su lado conmovidos ante este
SANTO sin dios, loco de fé...
Y siguieron caminando casi a su
lado, en un atardecer rojo de sol:
sin ángeles.

XXVII

ELLA

ELLA se confundió:

Fue a desnudarse entre los
disfrazados de desnudos.
Dijo quién era a los que no eran
nada.

Fundió su amor
                metal entre metales

... y acuñaron monedas de a
centavos.

Así, de mano en mano, no vieron
lo que pagaba por mentir de veras.
De asco.
Con nubes en los ojos por ver y no
aceptar cómo es posible.
De nostalgia de risa.
De esperanza vinílica, hizo un trato
con la misma muerte:

> *"Ante el inevitable hecho*
> *de haber nacido,*
> *la certeza de la mortalidad*
> *y a pesar del peligro de la*
> *reencarnación y el*
> *recomienzo:*
> *Acepto morir en pleno*
> *funcionamiento de mis órganos y*
> *facultades intelectuales y*
>
> *viscerales,*
>
> *a fin de que mi cuerpo siga*
> *viviendo en forma*
> *independiente de mi propio*
> *fantasma;*

que tomaré todas las veces que
decida hacerlo

cuando el destino o la
involuntad de la vida así lo
requieran.

Este fantasma breve
jura no aparecer fuera de su
propio cuerpo,
ni habitar otros que no le
pertenezcan.
Se reserva el derecho de aparecer
solo ante quien desee
y será responsable de sus actos
en cada una de sus pequeñas
reencarnaciones,
que alternará con períodos de
ausencia,
en los cuales podrá no hacer
públicos su paradero y actos".

Así fue como el HOMBRE y la
MUJER la vieron entrar y salir
engañando a los COTIDIANOS
sin lastimarse nunca más.

XXVIII

EL SUICIDA

NADIE les dijo:

se ha caído

de su propia altura.

XXIX

ANTES

ANTES se llamaba, porque era
muy viejo y recordaba todo antes
de Aquello y después hasta hace
un rato.
Pero ANTES había dejado ya hace
un tiempo de relatar sus recuerdos:
ANTES no hablaba más.

No porque los COTIDIANOS se
lo hubiesen prohibido

 (los COTIDIANOS no prohíben
lo que es imposible de prohibir: el
pensamiento, los recuerdos, las
ideas: directamente matan al
generador).

Los COTIDIANOS ignoraban que
ANTES tenía recuerdos, porque
ellos no los tenían.

ANTES dejó de hablar de sus
recuerdos cuando ya no encontró
quien le creyera.

El HOMBRE le contó a la
MUJER que hacía un tiempo,
había escuchado de la boca de
ANTES sus últimas palabras :

*"La memoria es la única prueba
contundente"*

El HOMBRE y la MUJER no
sabían porqué les dolía repetir la
última frase de ANTES

*"La memoria es la única prueba
contundente"*,

y trataban de olvidar.

XXX

RECUERDO

NADIE les habló del Recuerdo...

Había un tiempo guardado...

¿Dónde, que duele así? –
dijo la MUJER.

No sé
- NADIE dijo –
pero tal vez duela porque no lo
encontramos todavía
Busquemos, la memoria es la única
prueba contundente

57

–dijo el HOMBRE

Y comenzó a levantarse un viento
desde el fondo de la noche

XXXI

EL OLVIDO

Los COTIDIANOS fumigaron
OLVIDO y cayó lentamente sobre
calles y plazas, se escurrió por
hendijas, se amontonó en rincones.

Siempre se muere algo cuando se
aspira OLVIDO,
 pero es inevitable.

Porque siempre el OLVIDO hace
olvidar que periódicamente
fumigan y se olvidan que fumigan
OLVIDO y cae lentamente sobre
calles y plazas, se escurre por
hendijas, se amontona en rincones.

Siempre se muere algo cuando se
aspira OLVIDO,
 pero es inevitable.

                    Pero un Viento
                    - dijo NADIE-
un Viento imparable que sopla
             cuando quiere
y que los COTIDIANOS
 no adivinan siquiera,
toca rostros sin nombre y roba las
pisadas de polvo sobre polvo
desparramando pasos
sobre toda la tierra.
Dibujando el pasado...pasa...
de vez en cuando,
cuando los COTIDIANOS
 no adivinan siquiera
y viene de muy lejos
y no le importa la muerte:

       él ha vencido los tiempos
pequeños modelando las piedras.

El HOMBRE sintió un destello y
aunque no lograba recordar porqué

se lo había propuesto, partió a
buscar ese lugar del Viento.

XXXII

LAS MANOS

¿Cómo han llegado hasta aquí?
¿De dónde vienen estas manos?
-dijo el HOMBRE-
¿Qué recuerdos de otras manos
hacen que busquen, busquen, una
forma precisa del barro, un ritmo
preciso de la piedra, sin lograrlo?

Tu cuerpo y mis manos, tus manos
y mi cuerpo, a veces, cierran el
universo.

Pero ¿de quién son en realidad?
¿Por qué busco con ellas cosas que
me son ajenas, que desconozco?

Ya no lo recordamos- dijo la
MUJER-

De antes de AQUELLO viene
todo lo que es, porque si no fuera
así...ni siquiera preguntaríamos

El HOMBRE tapó su cara con sus
manos, palpó un rostro que le
pareció parecido a alguien que
viene de muy lejos y no se detiene
a contar su historia, alguien que
pasa de largo por la memoria.

El HOMBRE se amó, se amó y
lloró por él mismo con ternura, por
el olvido que lo empuja a vivir
naciéndose...naciéndose cada vez
que se piensa.

La MUJER lo rodeó por detrás con
su cuerpo, le apoyó una mano en el
estómago y otra en el pecho, y
sintió como un tambor sonando
desde el fondo de los tiempos.

XXXIII

NADIE LES CUENTA DEL
EXTRAÑADO

Cuando EL EXTRAÑADO era
niño
-comenzó a relatarles NADIE-
tenía sueños terribles:

Caía en infinitos vacíos verdes
durante la siesta y despertaba con
los labios morados de frío al horno
húmedo del verano.

Por las noches, soñaba una línea
azul, sin árboles ni pájaros, que
parecía marcar el límite del
mundo, el comienzo de la
inmensidad. Entonces, la línea azul
comenzaba a moverse como un
horizonte vivo, sin ninguna
referencia que le permitiera medir
la distancia de lo desconocido.

Buscó y esperó en silencio, en
rondas de paisanos y viajeros que
pasaban, descripciones de algo
parecido a sus sueños:
escuchó relatos fantásticos de
lluvias, soles, venganzas y luchas

Pero nada, nada se parecía a aquel
extraño mundo que no podía dejar
de soñar.

Un día, a fin de ganar algún poder
sobre sus sueños, decidió
introducir un elemento y eligió al
azar:

Estrellas.

En la vigilia pensaba tanto en ellas
que, poco a poco,
                con los años,
comenzaron a aparecer arriba de la
línea azul, brillando tanto, que
todo se volvía oscuro.
Pero, curiosamente, desde que
ellas estaban, el sueño había
perdido esa agobiante sensación de
                inmensidad.

Y comenzó a soñarse a si mismo ubicado allí:

También copió, para introducirlos, gritos de animales o cantos de pájaros que escuchaba en los claros de la selva.
Se dormía imitándolos pero, al penetrar en el sueño,
solo escuchaba graznidos extraños, sonidos guturales y chasquidos, como si se desformaran al entrar en ese espacio sin límite.
Se acostumbró tanto a sus sueños, que las sensaciones comenzaron a aparecer aun cuando estaba despierto y a veces, se sorprendía en movimientos bruscos para recuperar el equilibrio que le hacían dudar sobre la realidad de su vigilia.
Enriqueció su sueño hasta volverlo totalmente placentero.
A medida que se volvía más y más viejo, ya no necesitó dormir.
Así, despierto días y noches durante años, construyó un barco

en medio de la selva donde había
nacido….

quién sabe porqué….

Tan lejos del mar que jamás había
visto ni imaginado.

NADIE señaló el palo mayor que
sobresalía apenas de la espesura

¿Quién lo notaría si no conociera
lo que les he contado?

Y sin esperar respuesta del
HOMBRE y la MUJER agregó:

Solo se los he contado para que
fortalezcan su destino.

XXXIV

EL NIÑO DE 10 AÑOS

No se sabía desde cuando...
había un NIÑO en la montaña.

Porque el tiempo pasaba.
El agua modificaba árboles, las
piedras caían a veces hasta el valle
y sobre ellas, crecían la hiedra y el
helecho...

Y el NIÑO, que a veces se
mostraba como sombra de luna o
como chapuzón en la corriente
mansa del arroyo, siempre tenía 10
años.

Los COTIDIANOS organizaban
rastrillajes aéreos, terrestres y
acuáticos. Sospechaban una aldea
escondida a la que, una vez cada

tanto, se le escapaba un NIÑO y se
mostraba, delatándolos.

Así, cada vez que corría el rumor
que alguien había visto
escabullirse al NIÑO entre las
rocas,
su pié pequeño y mudo sobre el
barro,

los COTIDIANOS renovaban
odios y salían a cazar por todos
lados.

Pero era un NIÑO y solo uno:
  que tenía 10 años,

que siempre jugaba y jugaría por
siempre

  al milagro de lo que es imposible.

El HOMBRE y la MUJER lo
escucharon reír un día
y lo vieron correr sobre el verdín,
desnudo, con los brazos en alto.

Se alegraron con la felicidad de un regalo.

Desde ahora en más lo verían siempre...
de vez en cuando...

Aunque fuera tan solo una vez

cada muchos años.

XXXV

LA BURLADORA

Usaba dos pechos enormes bajo un collar de perlas blancas, adornado con dos cintas celestes, como una pequeña mariposa de colores olvidados.

Hablaba de tiempos, amores y odios viejos, vivos otra vez solo cuando su voz, desde un grave

profundo, los sacaba de su
incógnita memoria.

Su conversación se agitaba con sus
pechos, en oleadas de ritmo
imprevisible y en determinados
momentos...

...sostenía un silencio de
segundos...

suspendiendo el gesto en un
instante dramático.

Los COTIDIANOS, que
escuchaban atentamente tratando
de descifrar secretas
confabulaciones, se atormentaban
con esos breves silencios y
quedaban atrapados en él...
con la sorpresa y la desesperación
de la mosca en la telaraña.

Tensos y fastidiados, cometían el
sacrilegio de interrumpir la pausa

con una tos, un ruido de vajilla, un
acomodarse en los sillones...
entonces...

     la BURLADORA,

cubría con una corta carcajada la
ofensa y atacaba vengativamente
con una pregunta trivial, mezcla de
distracción y desvarío, que sonaba
en el aire como una flecha cuando
vuela precisa a dar en el blanco
exacto:
un punto final de frase tan
contundente que envolvía a los
COTIDIANOS en un largo
silencio ridículo y vacío.

Cuando la MUJER la visitaba,
esperaba los paréntesis de la
BURLADORA para mirarla a los
ojos y leer los mensajes.

XXXVI

LAS CAPUCHAS

La VIEJA CHALUPA seguía con
su lista de POSIBLES dispuesta a
continuarla por siempre, como un
punto detrás de otro en un tejido
eterno.

Con lana hilada de noche hago
capuchas.
        Cien capuchas nada más.
        Para los QUIENES

        Las prevengo de los
agujeros guardándolas con Laurel,
los agujeros de las polillas
-decía- y aclaraba sonriendo casi
con miedo:
           de las polillas.

El Laurel de los tucos y los
roperos es una hoja de Gloria

que ya no se recuerda

y con voz queda, casi para sí,
como si cantara:

Una capa de hojas de Laurel...
        una capucha
    con dos orificios:

        uno para ver

 uno para gritar...y poder respirar

Una capa de hojas de Laurel...
        una capucha
    con dos orificios:

        uno para ver

uno para gritar...y poder respirar

Una capa de hojas de...

Por la ventana del caserón se
escurría a la calle el canturreo de la

VIEJA CHALUPA que, con el
olor a Laurel, sonaba como una
marcha olvidada.

Si pasaba por allí algún POSIBLE
de su lista, era inevitable que,
confundiendo el llamado con
curiosidad, se acercara a la puerta
y abriéndola, subiese la escalera.

La VIEJA CHALUPA, al escuchar
crujir la madera de los escalones,
decía sin preguntar:

QUIEN es.

Así, un POSIBLE se transformaba
en un QUIEN y recibía una
capucha al mismo tiempo que
escucha decir a la VIEJA:

Como si fueras todos
 o como si fueras solo uno,
                imprevisible,
solo harás lo imprevisto:
esta es el único arma de esta
guerra.

Cuando lo hagas, me
devolverás la capucha,
solo he tejido cien y
ustedes son millones.
¿Quiénes son?

-Se preguntaban los
COTIDIANOS sin sospechar que
se respondían-

Para combatirlos, rápidamente
mandaron a hacer millones de
capuchas con dos orificios:

uno para mirar
uno para denunciar...

...y salieron con ellas a infiltrarse
entre los QUIENES.

Pero su táctica fracasó:

Sus capuchas no tenían olor a
Laurel.

XXXVII

LA BANDA

Las Bandas de los COTIDIANOS
están compuestas por
instrumentos,
no por músicos:
    aquél que tiene una trompeta es
el trompetista,
    el dueño de la flauta es
el flautista.

Así, de acuerdo a la existencia de
instrumentos (o mas bien de sus
propietarios materiales), se
organizan las Bandas en las que
cada uno toca su instrumento sin
importar lo que suena, sino solo el
derecho y honor de integrarla.

No se sabe porqué, el Bombo es
hereditario por vía materna.

Parece que es una de las pocas costumbres que se filtraron hasta hoy de antes de Aquello.
La poseedora del Bombo lo cede a su muerte a su primogénita y en caso de que el primogénito sea varón, éste lo cederá a la madre de sus hijos para que lo ceda a su primogénita.

Esto hace que a veces, largos litigios o esterilidades
hacen que el Bombo no suene durante muchos años hasta que se restablezca el Estado de Derecho a Tocar el Bombo Nuevamente,
tras una breve ceremonia donde todos prometen que no volverá a ocurrir jamás.

El cargo de Director, los COTIDIANOS lo consideran innecesario, dada la conformación de las Bandas y además porque ningún dueño de instrumento entendería las intenciones ni códigos de un músico.

La Banda 6.038.238 se acomodó
en el palco.

Todos,
bronces y maderas, aspiraron al
mismo tiempo.
Pero antes de que suene nada, en el
preciso instante del silencio,
una explosión que bien pudo haber
sido un rayo (si es que no se quiere
involucrar a nadie)
destruyó palco, toldo y banderines
de colores.

Casi inmediatamente, con la
celeridad de las tragedias, las
ambulancias levantaron todos los
cuerpos desparramados en el
parque y los transportaron hasta el
hospital para practicar las
autopsias a quienes ya no podían
declarar por causa de muerte.

¡Tiene que haber
algún testigo que
declare la identidad

del responsable de
la explosión!

-Gritó el Jefe de Estruendos
Inverosímiles-

¡Interroguen a los
heridos!

Toda la Guardia Cotidiana estaba
esperando en las puertas del
hospital para salir a buscar al
culpable.

Llovía y tronaba intermitentemente
en el parque.

Los instrumentos de la Banda ya
no se mojaban:
Inmediatamente después del
estallido, en medio de la
confusión,
un instante antes que lleguen las
ambulancias con los camilleros, la
oscuridad pareció desintegrar
bronces, maderas, redoblantes,
platillos y Bombo.

Hasta el dueño de la Tuba que
estaba rodeado de los caños de su
instrumento estaba tirado boca
arriba en el barro, sin ella.

Casi de madrugada, cuando las
víctimas fueron debidamente
diagnosticadas y cada una con su
número de expediente fue
insertada en el archivo
correspondiente,
cuando todo estuvo nuevamente en
calma...

se escucharon

tres golpes de bombo

...e inmediatamente una sucesión
de sonidos extraños
y maravillosos: alejarse.

Alejarse y no volver jamás.

En atardeceres rojos que anuncian
vientos mañaneros, el HOMBRE

y la MUJER buscan el horizonte,
porque muy lejos, algunas veces
y solo si la soledad es también
paisaje, ven pasar una larga y
pequeña fila que suena extraña y
maravillosa.
No pueden evitar aplaudir y gritar:

¡¡AUSENTE DA CAPPO AL
FINE!!
           ¡¡Bravo!!

                  y los músicos
           apuntan sus instrumentos al
           cielo…
                  y siguen tocando.

XXXVIII

MAÑANA

MAÑANA pasó una tarde.
La niña se detuvo un instante
frente al HOMBRE y la MUJER,
sonrió y les dijo adiós con la mano.

Parece de aire

-dijo la MUJER, siguiendo con la
vista los movimientos inciertos de
los pequeños pies de MAÑANA
que se alejaban bailando de tal
manera, que por momentos,
parecía acercarse nuevamente-

¡No la miremos! -
dijo el HOMBRE-
podemos correr el
riesgo de adivinar su paso.
Dejemos que nos
sorprenda:

es mas bella así.

Los COTIDIANOS trazan caminos
para ella.

Pero MAÑANA no obedece, y sin
querer, los engaña.

Porque los COTIDIANOS no
pueden creer que ella no pertenece
sino al universo todo.

Parece de aire
- repitió la MUJER-
¿qué baila? ¿qué baila?

No baila: es su manera de ir.
No la mires, es mas bella así.

El HOMBRE tomó a la MUJER
de la mano.
Para escapar de la atracción de la
imagen de MAÑANA, se miraron
a los ojos.

XXXIX

LA LLEGADA

¿Cómo habían llegado los
desechos de la muerte hasta allí, a
los bordes finales?

Guardábamos la esperanza de no
verlos- dijo el HOMBRE – pero
toda huída es corta.

Y allí estaban las ambiciones, las
pequeñeces, las miradas esquivas,
mordiéndoles las últimas pisadas.

Cuando era niña
-dijo la MUJER-
mirando la orilla del mar
me preguntaba:
*¿El agua va a la arena o la arena
va al agua?.*
Era una pregunta
demasiado abierta
que me llenaba de aire la garganta.
Nunca pude encontrar una
respuesta,
...ni volver a preguntarla.

Andaremos de noche
- dijo el HOMBRE-
para alejarnos sin ver, olvidando.
Tal vez así mañana estaremos lejos
y otro sol nos muestre otra orilla
del agua.

La MUJER se sentó en el suelo y
doblando las piernas contra su
pecho, las rodeó con los brazos.

Se mecía como un péndulo,
escapando del tiempo en silencio.
Del tiempo que había pasado y del
que vendría.
 Porque ahora tenía miedo.

La tarde parecía tardar, retrasar las
respuestas, horadar un hueco en el
peligro.

XL

¿CUÁNTOS?

-...Y cuántos?

-dijeron-

- ¿Cuántos somos?

- los que no temen
ser, los que se
aman, los que
buscan, los que ríen
sin mal, los que
miran el fuego, los
que odian con
justicia, los que
temen equivocarse y
no vacilan, los que
respetan el gesto del
animal y adoran al
árbol, los que por
saber que morirán
algún día tienen
conciencia de que
todo ignoran, los
que cuando
despiertan se
sorprenden y se
entregan cuando
duermen.

- ¿Cuántos?

-dijeron-

- ¿Cuántos somos?-

Aunque sus voces se escuchan
como la lluvia, como el viento,
como el trueno... el silencio es un
pozo incalculable, abierto, eterno.

Vamos
- dijo la MUJER-
quizá como nosotros...

estén escondidos.

XLI

LOS QUINIENTOS

La inocencia nos vuelve
vulnerables
y acentúa nuestra mortalidad.

Cuidémonos.
Podemos perder la Guerra.

Pero, ¿qué Paz sería posible
Si perdiéramos la inocencia?

¿Quién había dicho esto?

¿Por qué sonó en los pechos como
un redoble palpitante, como si cada
uno lo hubiese dicho y a la vez
cada uno lo hubiese escuchado de
otro?

Eran sus propias voces con
palabras sin dueño.

Empezaron a buscarse en las
miradas, en el silencio, cómplices.

¿Habría QUINIENTOS más en otro lado?
Si:
quinientos quintillones de QUINIENTOS, por los quinientos puntos cardinales del Universo.

Y allí nomás, al OESTE DE LAS AGUAS, como en ningún lugar y en todas partes sonó una risa de campana llamando a los QUINIENTOS a ocultarse en la alegría y la luz, para esperar la próxima batalla.

XLII

EL TESTIGO

¿Por qué se nos oculta
lo que sabe la piedra?

¿Por qué bebo de a gotas
el espacio?

¿Por qué esta sospecha de
misterio hace que busque al otro
para amarlo?

¿Por qué me muestran
los demás sus rasgos
y para ver quién soy
debo mostrar los míos?

¿Por qué quisiera no ser
más   que un Testigo…
para estar, solo estar.

Había una vez un día…

y era este:

el preciso momento de mirarse.

La soledad es una vieja amiga
cargada del amor hacia los otros, el
odio y el temor de los recuerdos.
Tenía que decir todo lo
visto…para seguir mirando.

¿Cuál es la frontera, que el amor borra,
entre el aire del mundo y ese que se respira?

Ahora está afuera todo lo que he visto
      …entrando en la mirada de los otros.

¿Adónde irá a para toda esta historia?

¿Cómo continuará en otros ojos?

      -dije expectante-

y seguí mirando…

            a ver lo que pasaba.

Herstellung und Verlag:
BoD - Books on Demand, Norderstedt
ISBN 978-3-7448-3991-4